CONSEILS COLONIAUX.

OUVERTURE DE LA SESSION

DE 1847.

Paris,
IMPRIMERIE DE GUIRAUDET ET JOUAUST,
RUE SAINT-HONORÉ, Nº 315.

1847

CONSEILS COLONIAUX.

OUVERTURE DE LA SESSION

DE 1847.

DISCOURS

DU LIEUTENANT-GÉNÉRAL BARON AMBERT;

PRÉSIDENT DU CONSEIL COLONIAL DE LA GUADELOUPE.

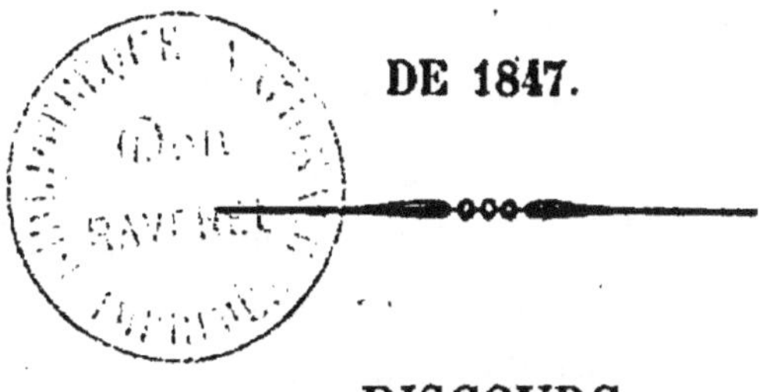

Messieurs et chers Collègues,

Votre persévérante bienveillance semble avoir fait du fauteuil de la présidence un siége inamovible. Je me glorifie de la constance de vos suffrages, et mon immuable dévoûment y puise des forces nouvelles.

Dans cette lutte inégale où nous sommes engagés, notre énergie, pour ne pas succomber aux atteintes de la lassitude et du dégoût, a besoin de se retremper sou-

1

vent aux sources vives de l'amour du pays. Les violen-
ces d'une agression récente nous apprennent que nous
n'avons plus même à compter sur la générosité de la
force, cette dernière ressource de la faiblesse. Le nom
de Français n'est pour nous qu'un vain titre, impuissant
à nous protéger contre les haines et les colères que nous
suscitent nos ennemis.

Mais, Messieurs, si nous devons courber la tête avec
résignation devant les manifestations de la volonté nationale, le sentiment de notre dignité nous oblige à la
relever avec fierté devant l'outrage et la calomnie. Nos
vies et nos fortunes appartiennent à la patrie; notre
honneur est sous la sauvegarde de Dieu et de notre
conscience.

Vieux soldat de la liberté, j'ai versé mon sang pour
elle sur les champs de bataille de l'ancien et du nouveau
monde. Serait-il vrai qu'en acceptant, à la fin de mes
jours, l'exil et les rudes labeurs du colon, j'eusse renié
mes principes, déserté mon drapeau et souillé une car-
rière qui compte de glorieux souvenirs? Non, Messieurs,
le titre de colon, dont je m'honore, n'a pas flétri le vieux
serviteur de la patrie, et ma voix ne saurait être su-
specte quand, au nom de mes concitoyens indignés, je
repousse l'opprobre dont on voudrait les couvrir.

Nous voulons tous la liberté, mais nous la voulons
pour tous, pour l'homme blanc comme pour l'homme
noir; nous ne voulons pas que, dans votre injuste par-
tialité, vous puissiez transformer la tribune nationale
en un siège d'accusation du haut duquel vous nous li-
vrez sans défense à la honte et au mépris public? Nous

voulons tous la liberté, mais nous voulons en même temps l'ordre, la sécurité, le travail, et surtout le bien-être des populations qui nous sont confiées. Nous ne voulons pas que, dans votre aveugle précipitation, vous fassiez de notre malheureux pays une Saint-Dominguo sanglante ou une Irlande affamée!

Jetez un regard sur ces contrées paisibles que vous calomniez sans les connaître, et accusez-nous encore de barbarie, si vous l'osez. Tandis que la vieille civilisation de l'Europe plie sous le fardeau de la misère et de la faim, nous vous offrons le spectacle d'une population heureuse et tranquille, traversant sans souffrances et sans secousses les crises d'une situation difficile, dont notre protection tutélaire lui épargne les contre-coups!

Pour répondre à ces dénonciations de quelques crimes isolés dont vous voudriez faire peser sur tous les colons la honteuse responsabilité, ne nous forcez pas à fouiller dans les sombres annales de vos greffes!..... Mais, plus équitables que vous, nous ne demandons pas compte à tout un peuple de ces horribles forfaits, triste et éternel apanage de l'humanité! Nous laissons à vos tribunaux la représentation de ces lugubres drames. Nous abandonnons à la justice l'œuvre de la répression et de la vengeance; et, quand elle a prononcé, nous nous taisons et respectons ses arrêts. Plus équitables que vous, nous croyons à l'honneur et à l'impartialité des magistrats; nous croyons à la conscience des jurés. Nous pensons qu'il faut des preuves pour punir; de tout accusé nous ne faisons pas un coupable; de tout innocent acquitté nous ne faisons pas un criminel obtenant grâce de la faiblesse du jury !

Messieurs, vous avez assisté à ce déplorable spectacle ! Vous avez vu une assemblée française souffrir que l'on traduisît à sa barre des citoyens sans défense, et étouffer sous le bruit de ses murmures les quelques voix généreuses qui s'élevaient pour repousser, en notre nom, d'odieuses calomnies ! Vous avez frémi d'horreur à la lecture de ces accusations, puisées dans d'infâmes libelles, dénuées de preuves, et écoutées cependant avec une cruelle bienveillance. Colons, administrateurs, prêtres, magistrats, fonctionnaires, tous ont été compris dans la même haine et frappés des mêmes coups ! Il n'y a de purs, sur le sol colonial, que les hommes qui mettent leur zèle ambitieux au service des passions et de la colère d'un parti; il n'y a de purs que ceux qui font métier de dénonciation et de calomnie.

Par quelle fatalité, quand il s'agit des colonies, les règles de l'équité la plus vulgaire sont-elles méconnues et foulées aux pieds? Vous qui présidez aux destinées de la patrie, prenez garde de prêter une oreille complaisante à ces étranges doctrines; n'oubliez pas que tous les principes s'enchaînent et se soutiennent dans l'ordre social ; n'apprenez pas à vos adversaires qu'ils peuvent impunément porter la main sur l'arche sainte de la propriété; craignez que ces armes que vous laissez imprudemment entre leurs mains, ils ne les retournent un jour contre vous-mêmes !

Messieurs, la loyauté de vos pactes proteste contre les inculpations qui ne sauraient vous atteindre. Les colons de la Guadeloupe et leurs représentants ont fait leurs preuves. Tous, nous avons pris depuis long-temps l'initiative des améliorations qui dépendaient de nous, et nous avons donné un concours loyal et éclairé aux mesures de civilisation et de progrès compatibles avec les idées d'ordre et de travail dont nous serons les éternels défenseurs. Nous ne nous sommes pas posés en ennemis systématiques des idées nouvelles : nous comprenons les nécessités de notre époque. Enfin nous pouvons ouvrir nos fastes judiciaires : ils sont purs de ces crimes dont nous repoussons avec dégoût la hideuse solidarité, s'ils se sont produits quelque part.

Mais, Messieurs, des ces désaffections, de ces défiances, de ces colères, de ces aggressions injustes, découlent de graves enseignements qui ne seront pas perdus pour nous. Ne nous dissimulons pas les périls de notre situation. Jamais les colonies n'ont été plus menacées, jamais leur sort n'a été plus compromis; le mouvement irrésistible des idées nous déborde et nous entraîne. Notre vieille organisation sociale, condamnée par l'opinion, en désaccord avec les institutions et les progrès du siècle, chancèle sur ses bases et menace de nous ensevelir sous ses ruines. Assisterons-nous à ce grand désastre en spectateurs impuisants, ou bien chercherons-nous, par quelque résolution héroïque, à en atténuer les malheurs? Je m'adresse à une assemblée chez laquelle les instincts généreux n'ont jamais fait défaut, et qui jamais n'a prétendu défendre l'esclavage pour lui-même, ni en perpétuer la tradition; je m'adresse à elle avec une conviction profonde et réfléchie.

Messieurs, ne nous laissons pas entraîner par le torrent, quand nous pouvons encore le diriger. Ne laissons pas tout détruire quand il nous reste une chance de tout sauver. Ne nous laissons pas imposer par la violence ce que nous pouvons faire librement et volontairement. N'acceptons pas le triste rôle de vaincus! Rendons inutile, entre nous et nos esclaves, une intervention qui aurait pour effet de s'emparer du bénéfice de leur gratitude, en rejetant sur nous l'odieux de la résistance. Plaçons-nous hardiment et d'un seul pas à la tête de la civilisation coloniale, et marchons dans cette voie nouvelle avec le calme et la force que donnent toujours les situations nettes et bien tranchées.

Le gouvernement, Messieurs, ne peut vouloir la perte de ses colonies; il saura nous préséver des dangers d'une précipitation funeste et nous garantir contre toute usurpation du droit inviolable de la propriété. Mettons-nous avec confiance sous son égide. Travaillons, de concert avec lui, à préparer les bases de notre transformation future, et à en assurer le succès par une puissante organisation du travail, ce pivot des sociétés. Partisans d'une émancipation intelligente et féconde, mettons, sans arrière-pensée, notre expérience et nos lumières au service de cette grande cause; mais que la prudence et la sagesse soient nos seules conseillères! Organisons avant de détruire. En appelant toute une population aux bienfaits de la liberté, qu'aucun effort ne nous coûte pour lui épargner, dans l'avenir, les luttes et les misères du prolétariat, ce fléau des sociétés modernes.

Messieurs, la marche que je vous indique est désormais la seule qui soit digne de nous et du pays que nous représentons, la seule qui puisse conjurer les malheurs qui nous menacent. Ne nous en laissons pas écarter par un sentiment de découragement stérile ou par de vaines frayeurs ; soyons à la hauteur de notre mandat ; prenons en main avec courage l'arme puissante de l'initiative ; levons l'étendard de la régénération, et inscrivons sur notre drapeau : *Liberté, ordre, travail, bien-être !* Que la mère-patrie apprenne enfin que ces colons tant calomniés sont des enfants dignes d'elle !

DISCOURS

DE M. LE GOUVERNEUR DE LA MARTINIQUE.

Messieurs les conseillers coloniaux, les lois nouvelles sur les colonies venaient d'être promulguées, déjà les modifications profondes qu'elles apportent à l'ancien régime de l'esclavage avaient pu exercer leur influence, lorsque, à votre dernière session, je m'applaudissais qu'un tel changement eût pu s'opérer sans que l'ordre public, le travail et la discipline des ateliers en eussent été sensiblement altérés.

J'exprimais aussi l'espoir que les froissements, conséquence inévitable d'une législation qui touche à tant d'intérêts divers, iraient en diminuant et finiraient par disparaître. Je comptais à cet égard sur la sagesse des maîtres et le bon esprit des ateliers.

Dix mois se sont écoulés depuis lors. J'ai parcouru les communes, j'ai visité les habitations, j'ai entendu les maîtres et parlé aux esclaves, j'ai soigneusement examiné les rapports des magistrats inspecteurs, et je viens attester ici que les esclaves jouissent des améliorations que la loi leur accorde, tout en conservant les adoucissements qu'ils tenaient de la volonté des maîtres.

Les manifestations regrettables, bien qu'isolées, qui ont eu lieu dès le principe sur quelques habitations, sont aujourd'hui extrêmement rares. Le calme règne dans la colonie.

Tout fait espérer que le ralentissement des travaux signalé dans quelques localités n'aura été que momentané.

La loi du 18 juillet 1845 et les ordonnances qui en sont le complément s'exécutent.

Leur effet répond au vœu du législateur.

La situation est satisfaisante.

Le temps, la sagesse des maîtres, le sentiment du devoir chez les esclaves, le dévoûment quelquefois, achèveront bientôt une œuvre aussi heureusement commencée.

Je ne m'arrêterai pas à des faits exceptionnels qui n'ont jamais rien prouvé contre aucun état social; mais, rendant hommage à la législation nouvelle, je dirai que depuis sa promulgation il ne s'est présenté aucun de ces crimes dont les passions ont tiré un si habile parti en confondant les dates, en dénaturant les faits ou ajoutant encore à ce qu'ils avaient d'odieux.

Je sais qu'on a voulu rendre suspectes mes précédentes déclarations sur la situation générale du pays; mais, m'appuyant sur la vérité, je trouve une nouvelle raison d'être calme dans l'excès d'injustice dont la colonie tout entière a été l'objet en cette circonstance.

Comme gouverneur et comme citoyen, je proteste contre cette espèce de solidarité qu'on a voulu établir entre les auteurs de quelques faits que tous repoussent

avec indignation, et les fonctionnaires de tous les ordres,
dont je suis ici le chef, ou la population que j'administre !

Non ! le sentiment du devoir, comme le sentiment de
l'humanité, ne sont point de ceux que l'on perd en traversant les mers, ou dont on se soit privé en naissant
sur le sol des colonies.

Respect à la loi, concours absolu à son exécution, justice pour tous : tels sont les principes qui ont inspiré
mes actes dans le passé et que je maintiendrai dans l'a-
venir.

Depuis son origine, la colonie appelait de tous ses
vœux la construction de ponts sur les principales riviè-
res. Je suis heureux de pouvoir annoncer au conseil que
ces importants travaux se poursuivent avec activité, et
qu'ils ne tarderont pas à compléter le système de com-
munication si nécessaire à la prospérité du pays.

Divers décrets d'intérêt public vous seront présentés
en mon nom.

Je mets en première ligne ceux qui concernent l'exécution de la loi du 10 juillet.

Des considérations d'ordre supérieur n'ont pas per-
mis de soumettre à la sanction du roi ceux que vous
avez votés dans la dernière session.

J'ai la confiance que les nouveaux projets qui seront
présentés au Conseil ne contiennent aucune disposition
qui ne puisse être par lui adoptée. J'attends de son dévoûment au pays un vote complétement favorable qui
doit combler une lacune dans notre nouvelle législation.

L'administration présentera à votre examen, Messieurs, le compte définitif de l'exercice de 1845, ainsi

que plusieurs autres décrets financiers ayant pour objet de demander à votre vote la sanction de crédits extraordinaires ou supplémentaires qu'elle s'est trouvée dans la nécessité d'ouvrir pour assurer la marche régulière du service et éviter des embarras réels que l'absence de ces crédits aurait pu occasionner.

Le projet de budget de l'exercice 1848 vous sera soumis.

Des fonds vous seront demandés pour l'établissement des ateliers à créer en exécution de l'ordonnance royale du 4 juin 1846, concernant le régime disciplinaire des esclaves. Nul doute que ce ne soit là une charge du service local. Il importe au maintien de l'ordre et du travail que cette allocation soit faite.

L'administration demandera le rétablissement de l'impôt sur les bases qui étaient établies antérieurement au désastre de 1839.

Vous reconnaîtrez avec elle, Messieurs, l'urgence de cette mesure pour assurer le présent et préparer l'avenir.

Messieurs les conseillers coloniaux, la session ordinaire de 1847 est ouverte. *Vive le roi!*

ADRESSE

DU CONSEIL COLONIAL DE LA MARTINIQUE

EN RÉPONSE AU DISCOURS DU GOUVERNEUR.

Monsieur le gouverneur, au moment où, répondant à votre appel, nous venons vous porter notre concours de chaque année, l'émotion que nous ont fait éprouver les séances de la Chambre élective des 24 et 26 avril dernier n'a pu se calmer encore.

Nous sommes toujours saisis de cette amère et douloureuse surprise dont vous n'avez pu vous défendre et que vous exprimez avec une si noble énergie.

Nous vous remercions, Monsieur le gouverneur, de l'avoir dit avant nous : des faits horribles, la plupart inventés, tous puisés dans des récits calomnieux, tous antérieurs aux lois de juillet 1845 et donnés comme nouveaux, tous exceptionnels et généralisés ; voilà le masque hideux sous lequel la société coloniale tout entière a été livrée aux répulsions de la Chambre et à l'indignation de la France.

Faut-il s'étonner qu'au milieu de cet entraînement des passions, l'injure ait pu atteindre notre clergé et toute notre hiérarchie administrative ; que l'outrage et l'intimidation aient été employés contre des magistrats amovibles, qu'on n'ait pas craint de les exciter à se dépouiller de cette modération et de cette sage indépendance qui furent dans tous les temps le génie même de la magistrature française? Faut-il s'étonner que l'on ait oublié que les colonies ne sont pas des conquêtes, mais une des grandeurs de la France?

Mais l'excès d'injustice dont nous sommes victimes reculera sans doute devant l'éclatant témoignage que vous venez de rendre à tous : plus il faut aujourd'hui de courage aux représentants du roi dans les colonies pour faire entendre la vérité, plus le poids de leurs paroles doit entraîner de conviction.

Grâces vous soient rendues, Monsieur le Gouverneur, d'avoir si généreusement accompli le devoir que la situation du pays vous imposait : la Martinique vous en exprime toute sa reconnaissance.

Cependant, Monsieur le Gouverneur, rassurés par la loyauté de la France, et ne pouvant admettre qu'elle consente à s'associer un jour à des actes de spoliation repoussés par les institutions fondamentales de l'état, par les dispositions mêmes des lois de juillet et les discussions qui les ont précédées, nous continuerons à vous prêter, pour l'exécution de ces lois, un concours loyal et résolu.

Tandis que nous sommes signalés comme systématiquement opposés à ces lois et aux ordonnances qui les accompagnent, nous ne cesserons de demander au gouvernement la fondation des établissements agricoles, des ateliers de discipline, les engagements des affran-

chis, la répression du vagabondage et les immigrations
des travailleurs libres de toutes nations.

Ce sont là les compléments de ces lois, les gages et
les espérances qu'on a donnés à l'avenir colonial.

Les travailleurs libres et les travailleurs esclaves
mêlés ensemble et concourant au même but, le travail
de la terre ainsi enseigné et réhabilité, voilà la morali-
sation de l'esclavage, et sa sérieuse initiation à une liberté qui, dans d'autres conditions, ne pourrait être
que désastreuse.

Monsieur le Gouverneur, nous examinerons avec une
sérieuse attention les projets de décrets qui nous seront
soumis en votre nom. Il nous sera bien difficile de faire
peser sur le pays de nouveaux impôts, dans un moment
où nos rades sont dépourvues de navires où nos denrées
invendues et avilies ne peuvent trouver d'écoulement,
où la rareté des objets de première nécessité vous a
amené vous-même à rendre récemment des arrêtés qui
permettent de les tirer de l'étranger ; mais notre dévoûment au pays et le vif désir que nous avons de seconder
votre administration nous viendront en aide, et nous
nous efforcerons de concilier les nécessités du service
local et les faibles ressources de la colonie.

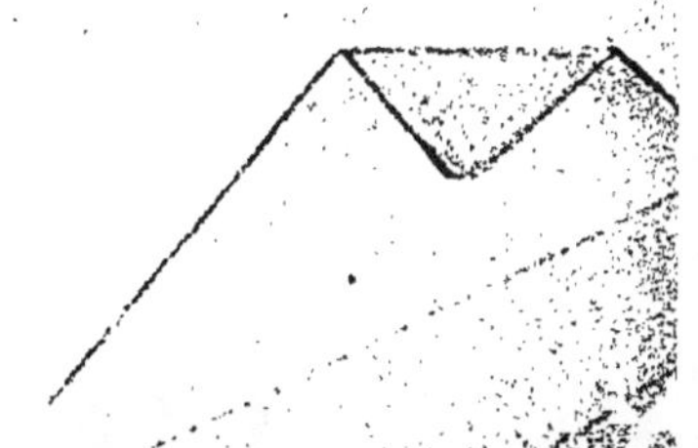

FIN